U0141694

讓我們一起
唉喲愛喲

大家好，
我是咬照女王。

我現在是以男女為題——特別是
18禁的成人主題——在創作。

某一天，從出版社那裡，
收到了一封出版的提議信。

哦哦⋯？

名字竟然是

映照女王的
印度愛經圖文書

18

噗通!!

我至今所知道的《印度愛經》是⋯

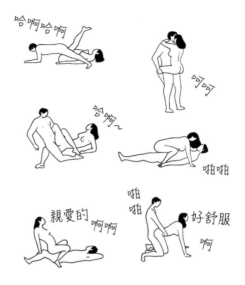

「介紹各種體位的印度色情書」。

然而在找相關書籍來看之後⋯

第一次會議

「真的」是色情書啊…

責任編輯從國外
買給我的（英語版）
《印度愛經》插畫集。

只看圖畫中。

不符合現代人思維的內容也有。

1995年出版的韓文翻譯版
《印度愛經》。

我暫時，陷入崩潰的情緒裡。

比想像中的
還要不容易啊…

但再從頭細讀，
發現還是有不少可以給現代男女關係及
性生活方面建議的內容呢。

這本《印度愛經》指引書，
將會融合我以及我周邊的素材再創作，

用我粗糙的文字及溫暖的圖畫，
介紹給大家。

當然是果斷把跟現代觀念不相符
的地方刪掉了。

搶別人的老婆

一夫多妻或是
高級交際花

現在開始
請跟我一起了解《印度愛經》中，
「性」的真正價值吧！

# 目錄

第1章

兩個人
做的事

有時候我會看A片。

如果問我為什麼要看的話⋯

雖然現在是這麼回答的啦⋯

就只是因為有趣而看的。

因為看Ａ片的人以男性為主

女性朋友

幹嘛看Ａ片？
那又沒什麼
意思…

1TB的外接
硬碟裡，有我嚴選
的收藏品唷！

男性朋友

從需求來看，
Ａ片無可避免地會預設男性為主要觀看者。

有天看了某部Ａ片，

用手指在女生那裡來回幾次就拔出，

馬上就連續抽插。

看完影片後第一個冒出的想法是

小心翼翼地問朋友關於性生活方面的問題時，

我的話
就是先接吻
然後撫胸

接著直接
進入正戲。

就算這樣
還是羨慕啊…

真的？

等等…最近
好像連接吻都
沒有了？

像這樣的朋友還真不少。

雖說女生興奮的點各自有所不同

但整體來講，
男女在性愛時達到高潮的時刻是有所差異的。
（《印度愛經》裡有提到）

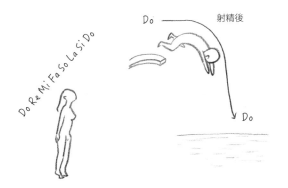

對女生而言，
「前戲的時間」跟「對性關係的滿足度」
是成正比的。

前戲 5分鐘

前戲 20分鐘

哈啊哈啊

嘎啊啊啊啊啊啊

我在想，那部Ａ片中的關係
不會有點太單方面嗎…

比起以抽插為主的做愛

能讓彼此得到滿足的性愛
是需要努力的，不是嗎？

畢竟這不是一個人的事，
是兩個人做的事。

做愛的技巧,

絕不是只為了讓男性感到滿足的事。

女性也該盡可能地感受到感官刺激帶來的歡愉,

比起讓男性感到滿足,讓女性感到歡愉的這件事

反而更該在前面順位才是。


- 《印度愛經》 -

哈啊
哈啊...

第2章

性的契合度

《印度愛經》中雖沒有「性器不合」這樣的說法

但對於性器大小的分類，
以及什麼是男女間「最佳的結合」
有所討論。

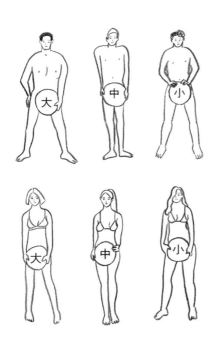

不是朱炳進的
大、中、小*

《印度愛經》將性器分成大、中、小三類。
（以男生來說，當然是指「站起來」的時候囉！）

*朱炳進：韓國搞笑明星，綜藝節目《給狗糧的男人》主持人，
有分別名為大、中、小的小狗。

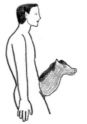

男性中擁有較大性器的
是「種馬」、

中等性器的是「公牛」、

較小性器的是「野兔」。

「早洩」的男性
也被我們暗指是兔子*，對吧？

為什麼只有我的
是長這樣…

*在韓國，由於公兔最快三秒就能射精，故被當成早洩的象徵。
但其實被公兔完成射精的母兔，懷孕率高達99％。

而女生的話，

性器比較大的是「大象」；
中等的是「馬」；
比較小的則用「鹿」做比喻。

性器大的男性與女性

大小介於中間值的男性與女性

大小偏小的男性與女性

儘管普遍來說該是
同類型的一起做…

啪啪啪

但擁有大陰莖的男性
和擁有小陰道女性間的性交，
被稱為「最高等的交合」。

然而對於性事的契合度，
似乎不能僅侷限於「大小」。

如同每個人都長得不一樣，性器的長相也各自不同。

你好，
我的雞雞是心型的，
你的是星型的啊！

並沒有辦法因為男性的性器官很大，
就無條件斷定性方面契合。

兩個人的節奏及性偏好都是要考慮的啊！

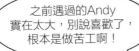

之前遇過的Andy
實在太大，別說喜歡了，
根本是做苦工啊！

朋友的前男友
歪果人

雖然不知道我那裡是不是
特別小，但前男友的是真的很大，
現任的相比下根本算小的。
但跟現任男友好像超合的耶！

原來不是只要大
就好啊⋯

幾個朋友甚至說出
「討厭太大的」這樣的話。

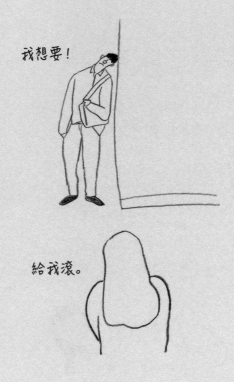

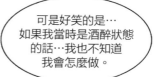

可是好笑的是…
如果我當時是酒醉狀態
的話…我也不知道
我會怎麼做。

只有做愛這方面
真的是…無可挑剔
的合拍啊。

性契合度就是這麼可怕啊，
各位！

偶爾也會想，如果大家性器官的長相跟大小都一模一樣，會怎麼樣呢？

噢…我沒想過這樣的情形。

就像每個人的臉都長得一樣時，大概會覺得失望或害怕吧？但這問題本身是無法成立的啊。

畢竟，我們對於男生褲襠裡的東西，

以及女生裙子裡的東西
長得什麼樣子，

在脫掉之前是絕對無法得知的。

* 〈Dick in a Box〉是流行歌手Justin Timberlake在2006年和美國週末
　夜現場（SNL）的搞笑男星Andy Samberg合作演出的惡搞MV。

為了「同等的結合」，
一定要找跟自己性器大小與深度
皆相合的女性，
才能稱作最高境界的性交。

-《印度愛經》-

微雞四伏

第3章

明明就插入了，可是…

現在是
我在作夢
嗎？

真的就是好像有什麼，
但什麼感覺都沒有。

自己去巴黎旅行的時候，
遇到了一個男孩子。

妳好。

是個獨自在那裡留學，
兼職做導遊的男孩…

這裡是非常
有名的紅酒
專賣店…

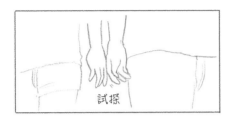

那天甚至
差點就要跟他睡了…

這是為什麼…

超
強

自
信
？

真的小到不忍卒睹…
我嚇到了。

原來
真的有這麼小
的人啊。

這麼說來，
我之前去美國語言研修時，
同班的委內瑞拉女生曾經問過我這樣的問題。

金震標唱起了〈不知道你是否相信〉…*

*金震標，韓國饒舌歌手。這首〈不知道你是否相信〉（If you can believe me）是他2001年第三張專輯的主打歌。金震標最早是與知名音樂人李迪一起以Panic二人團體出道。文中該曲的詞即為兩人共同創作，曲與編曲皆由李迪操刀。

現在我男友
雖然是韓國人，
但很厲害的。

真的嗎？
怎麼個厲害法？

那個我幹嘛跟
妳講啊。

他必須要有足夠的大小與長度，
他的性器要能到達女性峽谷的深處，
填滿每個角落。
這樣的男性才能得到女性全心全意的喜愛。


- 《印度愛經》 -

第4章

女人的那裡

聊過了男生的性器，
也來聊聊女生的吧？

羞

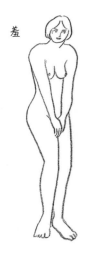

我認為女生理想的外陰部
並不是長相或顏色，

重要的是從做愛的開始到結束
都不會乾掉。

嘰——

碰！

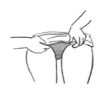

濕透

年輕的時候，
對光是和男友相互愛撫
內褲就會濕這件事
感到很害羞。

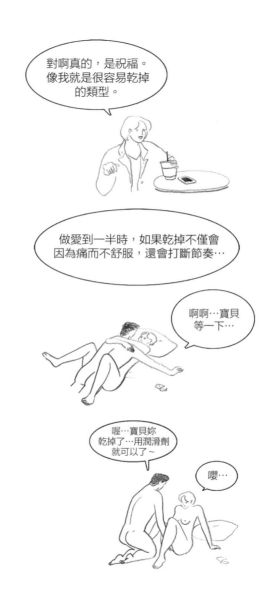

還有啊，重要的是

雖然說清潔對男女生來說都是應該的，

但女生的外陰部在裡面的關係，
該要更小心慎重地注意。

男生的器官外露
真方便啊…

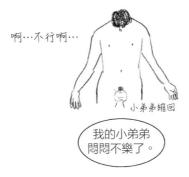

就說興致都沒了…

不知道該怎麼跟她說啊，
應該會很受傷吧。

事實上女生們對於去婦產科
這件事通常不太喜歡，

因為那裡有很可怕的
「屈辱椅」。

給醫生看私密處
雖然會感到羞恥、感到不便，
但身為女生跟婦產科親近一點
總是好的。

與其放著疾病不管而去指責她，
不如試試看「兩個人一起去接受檢查」，
如何呢？

我好像得了尿道炎，
不知道有沒有傳染給妳，
我們一起去醫院看看吧？

欸…那我只會
白被懷疑吧。

也是，當你說出
可能傳染的當下，大概
連活著都是奢望…

難解的問題啊…

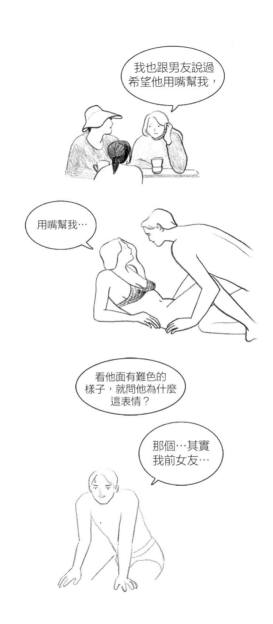

這個器官肥嫩嫩的，
每個角落都展現了驚人的模樣。
將其大大地展開的話，
會發現兩側尾端完美的對稱，
中間的部分則隨之突出，
既柔軟又具誘惑性，
非常的精緻。

- 《印度愛經》 -

第5章

來跟著做吧 (1)

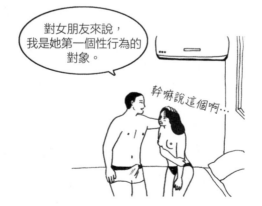

這個姿勢是最一般的
男上位姿勢。

哈啊

大家都知道吧?

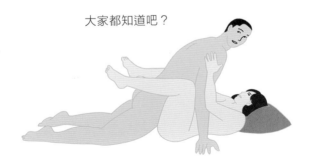

女生雙腳著地，
待男生插入後

將雙腳放到男生雙腿之
間，會更有安全感。

嗯啊

第3體位雖然跟第1體位差不多,
但改用膝蓋作為支撐點。

在男生跪坐的狀態下
將女生的雙腳放到肩上。

啊…好害羞

在這狀態下男生只要將身體靠前，
就能更深地插入。

將雙腳放在男生胸口前的體位。

## 第6體位

女生將大腿夾起上舉的狀態下，
插入時陰道會變得更緊。

把女生的雙腿打開成V字型後插入。

用第6、第7體位時，
男生還能同時獲得視覺上的刺激。

親愛的…

第1體位的應用姿勢，
能更深入地插入。

第3體位的應用姿勢，
亦能更深入地插入。

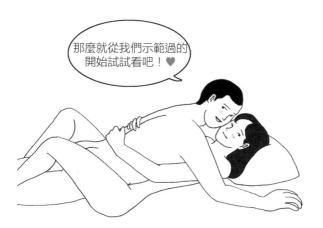

第6章

她的香氣 (上)

*韓文有半語、敬語之分，除了能從這裡區分出親密度外，也能顯示出上下尊卑關係。

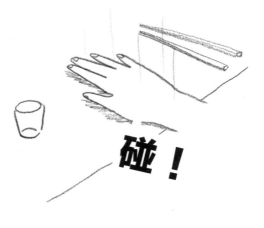

唉喲什麼啦,
不要玩這個啦…

*韓國常見的一種團康遊戲。簡單來說,參與者從1開始喊數字並站起,最後一個喊的則被淘汰。期間,如果有兩人同時喊,則慢起身的人淘汰(想快速分出勝負時,也有兩人直接都淘汰的玩法)。是個無法串通只能相互猜測看眼色的遊戲。

用了什麼香水呢？

真的能再喝嗎？

當然了。
我看起來醉了嗎？

啾

所謂的「Kama」,
是適切的對象帶來的
聽覺、觸覺、視覺、味覺、嗅覺
五感之間所感受到的愉悅。


－《印度愛經》－

第十章

她的香氣（下）

嘿…

都這樣了…

沒有後退的
餘地了…

舔舔

輕咬

哈啊
哈啊

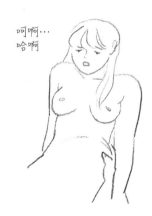

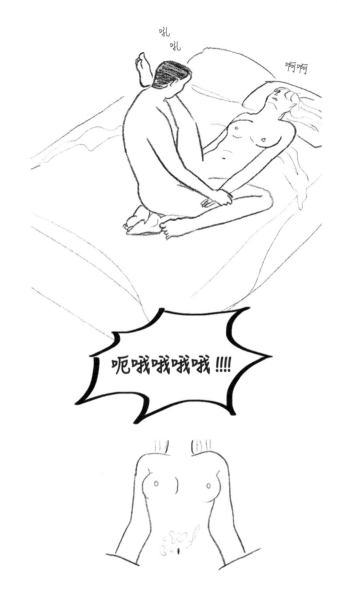

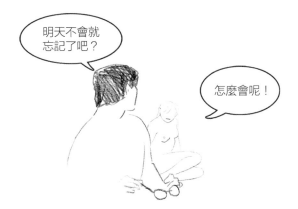

明天不會就
忘記了吧？

怎麼會呢！

那天之後

見面後吃飯、

喝酒、

也一起睡…
變成了

這種沒在交往的關係。

當然想過
這種關係無法長久啊。

所以跟她約了週末見面
打算好好整理的…

管他整理什麼的，
我只知道我想抱她的想法
非常強烈。

現在想
跟妳做。

真的很奇怪啊，

有些人的體味
竟然可以帶來這麼強烈的刺激…

她的體香我實在無法忘記。

所以這次打算
好好地見面說清楚。

女人是越撫越香的。

– 《印度愛經》 –

第8章　比起千言萬語

我現在正在談辦公室戀情。

輕握

緊握

喜孜孜

每個月有壽星的話，
會聚集全組組員來開小型派對。

那天也是到會議室集合，邊吃茶點，

邊聽著部長在說話。

大家
都到齊了嗎？

但不知怎地跟女朋友對到了眼

欸⋯這禮拜呢⋯

那時突然有了個無法形容的感覺。

兩個人隱密地目光交流，
那情景真他X的性感啊。

生日派對結束後，回到了座位上，

先簡短回了個信件後，

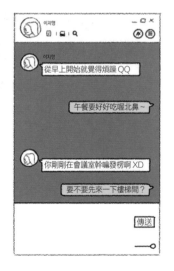

이지영

從早上開始就覺得煩躁 QQ

午餐要好好吃喔北鼻～

你剛剛在會議室幹嘛發楞啊 XD

要不要先來一下樓梯間？

傳送

我女朋友從安全門出現

猛地撲過去親吻

摸著胸部

脱掉內褲

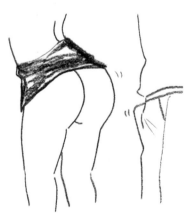

渾圓

在逃生出口做刺激過分的

# POWER SEX !!

真的很想幹這種事啊！！

那時有一些人在我家喝酒，

我酒有點醒了，
正打算去便利商店時，他跟了上來…

兩個人都是微醺的狀態

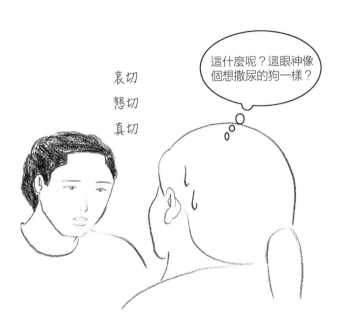

用讓人受不了的眼神凝視我。

是想親我嗎？

一定是的，
這百分百是想
親我啊…!!!
SURE，有何
不可？

明明就是想接吻的信號…

雖然人的感情是無法完美隱藏的，
但只要一個眼神就能包含千言萬語，
真的是很神奇吧？

那女人就像湖水裡的花，

有著如花盛放的眼睛。

那女人太愛她的丈夫，

每次看向他的雙眼都燃著連綿不斷的愛意。


－《印度愛經》－

第9章

關於誘惑

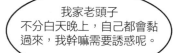

我家老頭子不分白天晚上，自己都會黏過來，我幹嘛需要誘惑呢。

再說，老頭現在已經歸天去啦！

哈哈

因為是新婚…我們事實上…

還沒有誰先開始的問題。

光是對到眼都⋯

旗袍（中國傳統服飾）

你好嗎哥哥？
我是春麗*。

尷尬
害羞
連擊

*春麗是格鬥遊戲《快打旋風》系列中的一個角色，也是格鬥遊戲史上中第一個可以操作的女性人物。招牌為開衩旗袍與雙包頭。

或是穿著像連身吊帶襪這樣的情趣衣服

以前常給男友驚喜

雖說最近漸漸沒有以前熱情了…

這該死的絲襪，
什麼時候又破了啊…

心血來潮時會慎重地使用絲襪。

有破洞
的絲襪

沒有比絲襪更好拿來誘惑的道具了啊！

不知道小時候對於說出一起睡的要求
為什麼這麼困難。

最近如果有些那方面的感覺的話，

嘀嘀咕咕

就衝了。

接著就被接受了。

我已經結婚三年了，
從來無法想像我主動誘惑老公這件事。
不喜歡好像很放蕩的樣子。

除了這位書生外，
抱持這樣的想法的男生
依然大有人在。

我在中午休息時間來到男友的公司前面

男人一旦發現自己渴求的女人的心意，
那心意已經透過訊息或動作表達出來的話，
男人就該要用盡方法引導她共享愛事。


- 《印度愛經》 -

第 10 章

來跟著做吧 (2)

不喜歡被征服感，
或者認為太像動物
而不喜歡後背體位的女生
也是有的。

但在我遇過的
女生中似乎還沒見過
不喜歡的。

這是女朋友用手及膝蓋作為支撐向前趴著，
男生從其後插入的姿勢。

雖然腿放哪裡並不重要，

但腿放在外側讓女友的陰部合攏的話，
會有更緊的感覺。

哈啊

超緊的啊…

後背體位的優點是能更加深入。

在從背後插入的情況下，
男友也能再加些如彎下腰親吻等
讓氛圍更煽情的動作！

跟前一個體位類似，
但女友改以手肘作為支撐，

腰部更低、屁股抬更高，
這樣的刺激強度會更強。

這樣怎麼樣啊…?

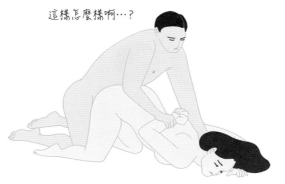

再大力點…

在這體位下可以上演更激情的畫面。
（要小心不要受傷…）

兩人都在上半身抬起的狀態下插入。

在這體位下「活塞運動」的同時，
還能撫摸胸部或者刺激陰蒂。

疊在完全趴著的女生上面做抽插。

哈啊…
好溫暖…

女友的上半身微抬起也不錯。

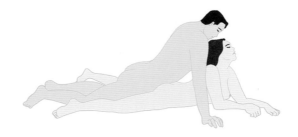

男友將身體立起做插入的話，
則能更有安全感地進行活塞運動。

如果是女友趴在床尾，
而我站著插入的話，

好像塞很滿呢…

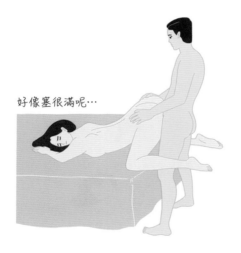

不僅穩定也能插得更深。

在兩人都站立的情況下插入。

在女友完全彎腰的情況下插入。
不夠柔軟的話，試著稍微屈膝吧！

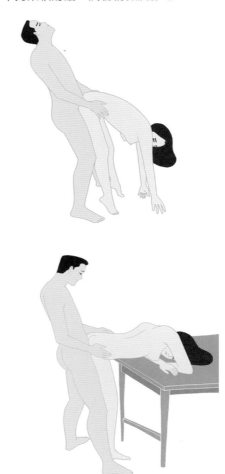

太辛苦的話，用餐桌或桌子作為支撐也不錯。

是個有點特技動作的姿勢。

個人認為這只是拿來炫耀男友體力用的，
這個體位一個稍不注意很容易妨礙到做愛的節奏。

小心腰～！

**第16體位**

女友以雙手及單腳作為支撐，
將她的身體往後拉過來插入的姿勢，
多少有些難度。

第11章

接吻

我最棒的吻是初吻。

那天的記憶依然很鮮明。

首先輕柔地
吸吮下嘴唇…

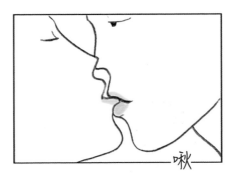

他就這樣領著我接吻了。
還以為心臟要跳出來了呢⋯

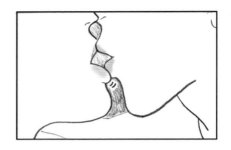

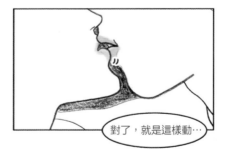

對了，就是這樣動…

還真的有像電影裡
那種接吻的感覺耶！

想像中電影般的樣子

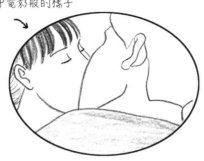

事實上是這樣：
壓塌的鼻子＋擠成一團的臉

嗯

接著溫柔地舔吻我的上下嘴唇，

忽然間就這麼把舌頭
伸進來了。

對於接吻時會用到舌頭這件事備受衝擊。

舌頭在嘴裡探索每個角落的感覺。

剛開始我也只是接受他將舌頭伸進來，

小心地將舌頭伸出去試探了幾次，

就這樣我的舌頭
被他用嘴唇拉過去玩了起來。

嗅！

總之強弱節奏調整得超棒的。

太陽出來前的幾個小時，好像都在接吻的樣子。

嘴唇、人中、下巴
都沾到口水後,

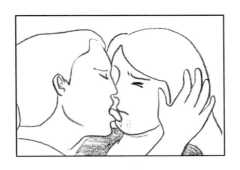

舌頭不知道是木塊還是啄木鳥，

也有那種舌頭非常用力…

像是打了麻醉一樣的人。

幸好我沒遇過這樣的人。

不知道從什麼時候開始，接吻好像成了
「做愛前的階段」，覺得有些可惜。

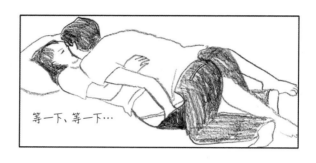

雖說做到一半的接吻也非常讓人興奮…

就算不接吻，
用嘴吻過身體各個部位也是很棒的。

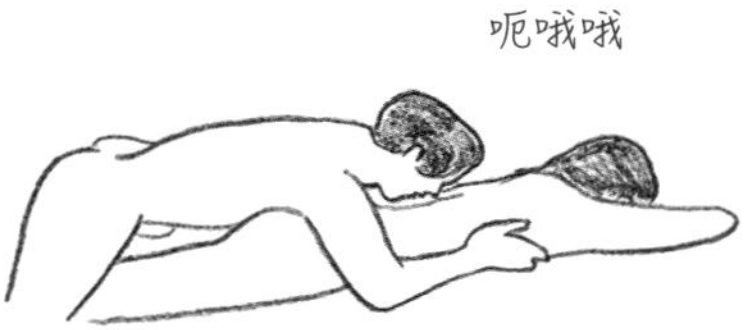

呃哦哦

呀

哈啊

女生將戀人的頭髮抓住，

把他的頭拉靠過來，

親上他的唇。

並在歡愉過後，

閉眼吻遍他全身。


– 《印度愛經》 –

手

第12章

喂！

他的手…

又大又厚實，完全
是我喜歡的型…

我看男生的時候
是會看手的。

白癡喔！妳在
思春吼？該不會是
因為那個說法吧？

什麼說法？

聽說看手的樣子或大小，可以預測男生那裡尺寸的謠言嗎？

你好嗎？
我不僅手大
雞雞也大唷。

認識很多男生的我朋友說…

哪有手像女生的男生那裡是大的呢？

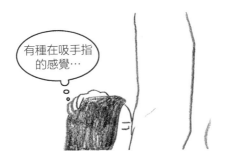

雖然有許多男性外貌
與性器大小有關的說法…

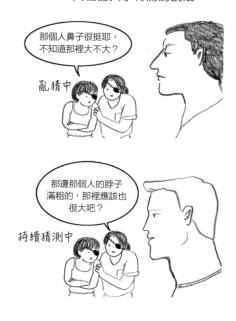

那個說法也就只是網路謠傳而已。

嗯…
我並不是因為那樣
所以看手的。

我只是喜歡寬厚、
能給我安全感的手而已。

我看到男生留長指甲會受不了。

因為這個原因，在過程中，

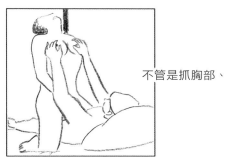

不管是抓胸部、

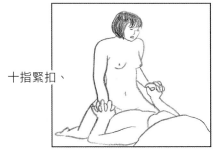

十指緊扣、

或是撫摸陰蒂
都很好。

為了進攻 G 點
就這樣隨便把手指放進來的時候，

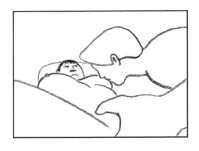

都會讓我覺得反感而難以集中啊。

外國還有手指用保險套，
不知道用那個會不會比較安心。

他用許多方法輕撫那女人。
他該要溫柔而巧妙地
對待戀人身體的每一處。

- 《印度愛經》 -

第13章　胸

*馬場富美加：
事實上是我喜歡的日本寫真偶像，嘿嘿。

慾畫人＝畫情慾畫作的人＝我

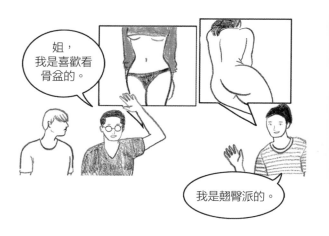

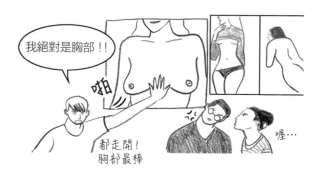

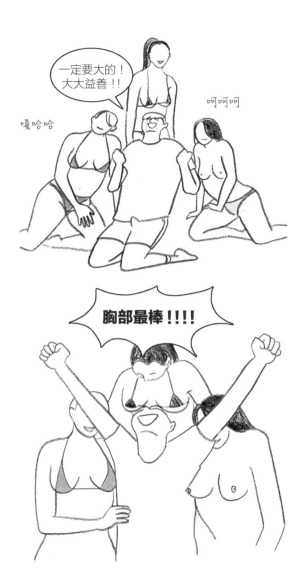

只要是大的，就算是整出來的都好。

真的嗎？我這個人就算是A罩杯，只要不是整過的都好。

我的胸部很小…

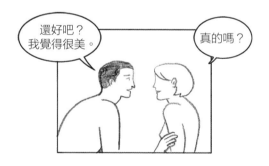

還好吧？
我覺得很美。

真的嗎？

前後分不出來的程度
也可以的意思嗎？

說什麼啊…

小成那樣的話
我好像不太行。

是不是！

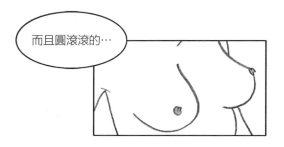

打造女人漂亮線條的第一要件應該就是胸部了。

*電視劇《一切的戀愛》，2017年12月8日至2018年1月26日每星期五在韓國tvN電視頻道播出的八集愛情短劇。

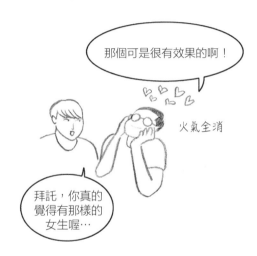

韓國女性，C罩杯內衣販售量增加

不知道是不是因為大家都說胸部好、喜歡胸部的關係，現在比起A罩杯的，C罩杯的明顯多很多啊？

可是到底那些胸部漂亮的女生都在哪裡啊？

就是說啊

首先呢，我身邊沒有。

脫了衣的女人，
有著如白色蓮花般
潔白豐滿的
酥胸。


- 《印度愛經》 -

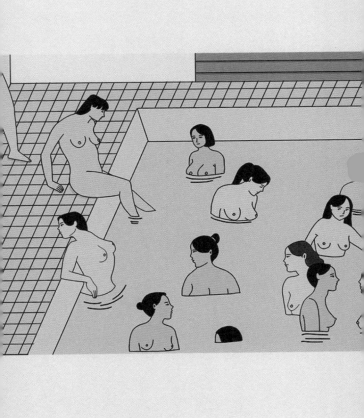

第14章

腿和屁股

我在美國語言研修的時候

穿著在韓國很喜歡穿的短裙，
出門往學校前進。

為了搭電車而在趕樓梯，
到月台的同時
列車的門也在我面前關上。

本來想說一定要搭下班車了的時候，

忽然列車長將門打開了！

超棒的吧！

反正就這樣搭上了⋯

就是那天暖男跟我搭話，

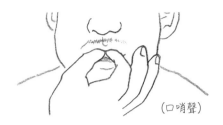

（口哨聲）

那天真的得到很多外國人的注目，
甚至跟我開玩笑耶。

看姐妳…？

就說暖男
連我的電話號碼
都問了啊。

反正我們
也沒辦法確認…

就當作
是這樣吧。

可惡…

當然我也知道
不會是因為我很漂亮
才這樣的，所以當時
我也很好奇…

101

就跟同班的姐姐
說了當天早上的事情。

那天我們的結論是…

歐美認為「腿或臀部」
是比「胸部」
更「讓人覺得性感的部位」。

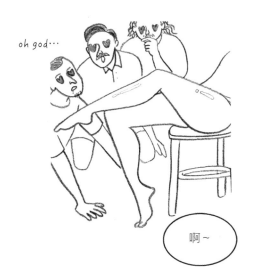

oh god…

啊～

也是啦，
外國人常在做
豐臀手術嘛！

所以RAP歌詞中才很常出現
「big booty（大翹臀）」
這樣的歌詞嗎？

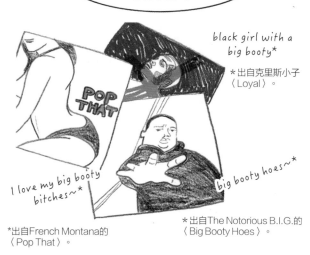

下半身發達的肉感魅力…

屁股有多厲害
大概只有體驗過的人才知道。

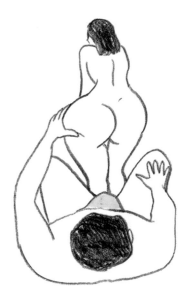

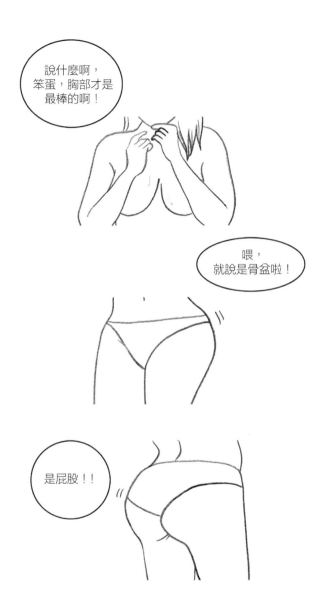

女生們…

都超棒的。

女生的櫻桃小嘴變得鮮艷且微啟時，

她的眼裡開始散發渴望的光芒時，

你會意識自己方才已如同她一般，

已經變得火熱。

這時你就能進到她的雙腿之間，

將愛的道具放進她的陰道裡。


- 《印度愛經》 -

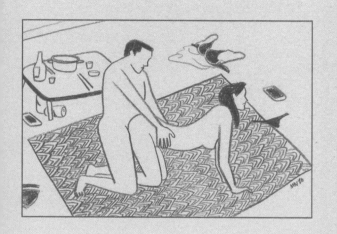

第15章

來跟著做吧 (3)

哈啊···

到目前為止，看過了男上位及後背位，

這是女上位最基本的姿勢。
女生可以利用腰部做前後或上下的移動。

我好像立刻就有感覺了。

前後搖動的話,能給男生隱約的刺激,
女生也能達到高潮。

呃哦…

用女生單腳跪著前後搖動的姿勢交歡，
能同時給予前列腺刺激。

兩腳膝蓋皆離地，上身向前傾做上下搖動。

從正面看會是這個樣子。
這體位對女生來說多少會有體力上的消耗。

## 第20體位

從第19體位延伸而來 ，將兩腿張開來動。

哈啊⋯
哈⋯

女性的性器如這般打開，會有視覺上的刺激。
男生也能同時使用腰部進行活塞運動。

330 / 331

第21體位

是個將手往後撐，
上下搖動屁股的有難度的姿勢。
當然視覺上的刺激也很大。

女生再次將膝蓋放到地面來進行動作，
男生也能同時用手去刺激陰核。

哦

可能會很陌生的女上位姿勢。
將男生的雙腿抬起,並坐在男生的屁股上面。

男生在這姿勢中,因為陰莖插入得淺,
龜頭等敏感部位容易獲得刺激。

女生與男生身體完全貼在一起後，
只上下搖動臀部的有難度的姿勢。
大概像是美國電臀舞（Twerking）的感覺…

啊呃！
太刺激了啊！

在胸部也緊貼著的狀態下，
是個給陰莖極強刺激的煽情姿勢。

第16章

男人和女人的
自慰 (7)

在Ａ片裡只看過女生自慰，沒看過男生自慰。

好像是種未知的世界，
所以很好奇。

我最近工作又忙又累…
不太做。

這個嘛…我大概是
一個星期兩三次？不過現在
有女朋友了，好像連這個
次數都不到。

不知道啦，
就好像成了個習慣。

這麼常自慰的話，你的雞雞會變得很敏感耶！

會不會死很快，或者很快就射了啊？

就像肚子餓了要吃飯、
累了要睡覺一樣。

男生自慰是件再自然不過的事。

希望女生們
不要覺得骯髒
或糟糕。

比如說，

洗澡的時候也會洗那裡嘛！

用沐浴乳抹過後…

有種滑順的舒服感。

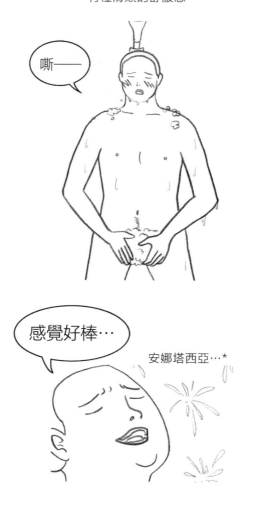

接著自然而然就手淫了⋯

*此處是仿作2010年的韓國漫畫《熱血小學》的名畫面。

時間到了啊…

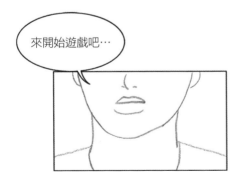

來開始遊戲吧…

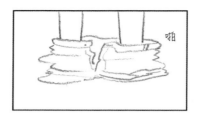

但你們知道嗎？

創作《印度愛經》的古印度人們，認為自慰是種罪惡。

性交前，妻子可用左腳刺激丈夫的性器。

持續練習的話，一定能征服丈夫，

將他變成愛情的奴隸。


- 《印度愛經》-

第17章

男人和女人的
自慰 (2)

耶?

可以買春
但不能自慰?他們
也太好笑了吧…

古印度人認為
精液是從血液中
產生的。

他們認為，製造一滴精液
都需要經過一段忍受痛苦的時間。

他們認為不是跟女人做愛而射精的
行為是不好的。

這部分倒是
蠻意外的。

自慰射的精液，
應該要全部射給所愛的女人…

我可以
射在裡面嗎？

射吧，
射個兩次吧。

所以《印度愛經》中
完全沒有直接提及關於自慰的部分。

但如果是作為和伴侶或配偶
在做愛前的暖身手段的話就沒有問題。

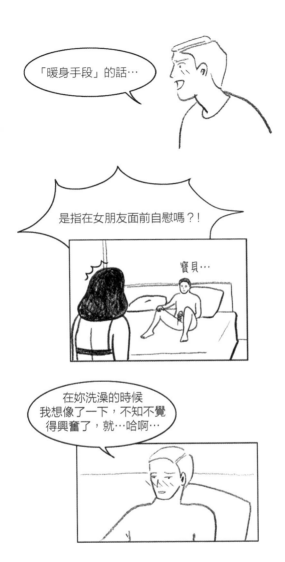

我相反…

如果女友自慰給我看的話，

寶貝…

我大概會超硬的吧…？

在男女行最終結合之前，

男人應該用自己的手先讓性器勃起，讓熱情燃燒，

這樣才能在盡情釋放自身熱情的同時，

讓女人感到滿足。


- 《印度愛經》 -

第 18 章

男人和女人的
自慰 (3)

國內已經有女生在經營對女性友善的
情趣用品店了。

聽說很棒，我有看過相關的報導。

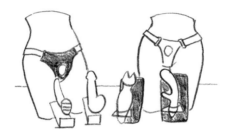

買情趣用品這件事，

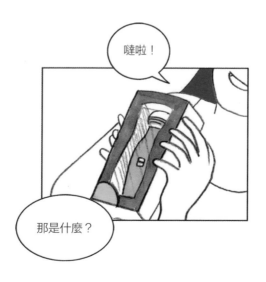

可以增進情侶或夫妻間
性生活的樂趣。

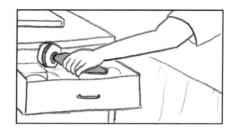

震動聲

也可能提升

哈啊...

會自慰的女生人數。

以前在談遠距離戀愛的時候，

那給我…

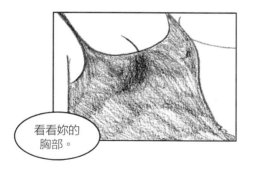

看看妳的
胸部。

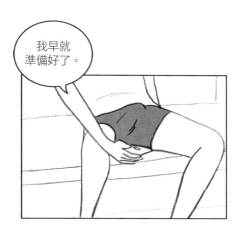

我早就準備好了。

偶爾也會想像畫面自己來一次啦⋯感覺真的非常棒。

沒錯，日本做的
男性用飛機杯，也是
做得很漂亮。

哇，這真的是
情趣用品嗎？蠻漂亮
的耶。

有用過那個說…

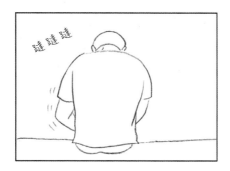

大概比用手來爽個20倍吧。

但是…

隨之而來的空虛感也是大20倍…
不過反正接著就是聖人模式了啦…

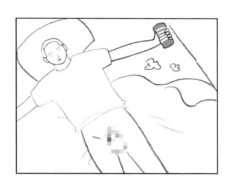

王室後宮的女子們，

以狀如林伽*的

植物球根、樹根或水果，

來達成滿足自身的目的。

– 《印度愛經》 –

*林伽：為印度教濕婆派和性力派崇拜的
男性生殖器像，象徵濕婆神。

第19章

我的女友是木頭

所謂的緣分就是這樣啊。

跟以為會走一輩子的女生分手，

跟新認識的人結婚。

那個…

但無法解決性方面的問題⋯

我非常的痛苦。

喜歡平常兩個人有趣的相處，

一起吃好吃的，也一起去旅行。

但只要給些性方面的暗示

每次都很容易被婉拒。

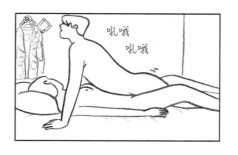

假裝敗給我，一年給我的次數也是屈指可數。

有一次很坦率地問了。

她居然跟我說…

交往十年了，傳教士外的體位連一次都沒嘗試過。

嗯？你說你們從來沒有換過姿勢？

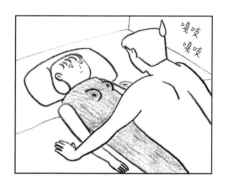

實在很不想這麼說，
但有時候我會有種在跟木頭做的感覺。

有天白天，兩個人一起在我的租屋處⋯

哈啊⋯哈啊⋯
哈尼⋯
再⋯更大力點⋯

聽見隔壁房在做愛的聲音。

我是有變興奮啦，但智敏她卻說，

這些事情累積起來
我們才分手的啊。

最終還是不適合啊。

最近的我真的每天每天都很幸福。

重新感受到跟愛的人做
原來是這麼愉悅的事情啊。

希望她也遇到對的人，
現在也幸福著。

他該要創造新的親吻遊戲，
並以手指與牙齒競賽。
根據規定的方式，一定有人是輸的一方，
而遊戲本身即能引起巨大的慾望，
且能長時間讓雙方
持續在愛所帶來的歡愉中。


- 《印度愛經》 -

第20章

來跟著做吧 (四)

這是對坐體位中最基本的姿勢。

女生將腳環過男生作為施力點，
前後搖動屁股。

第26體位

女生一手撐著地板，在更有安全感的狀態下，
男生擺動腰部進行活塞運動。

## 第27體位

好軟…

女生兩手向後作為支撐,將屁股微抬起,左右搖動。
是個有難度、但比起強烈搖動
更容易讓雙方集中的體位。

女生雙腳踮起並取得平衡，
由男生持續地擺動腰部抽插。

女生也能在這姿勢下自由地搖動腰部及屁股，
刺激男生的性器。

### 第29體位

在男生跪著的狀態下，
能更有利的進行動作。

哈啊啊…
要爽死了…

女生主動搖動屁股的話，
還能成為主導性事的角色。

唔…哦

有節奏地進行動作，
同時還能接吻或者愛撫耳垂。

這次試試利用椅子吧。

因為比起床鋪更加穩固，能更加power up！

身體能更加密合，
不分男女皆可主導運動。

雖然是要活用第30體位的椅子，
但是個更需要男生體力的體位。

女生將身體交給男生，
男生穩住女生身體進行抽插。

這體位需要男女兩人
將屁股完全著地，

相互抓住彼此手臂，
一人主導另一人則配合對方進行動作。

男生的性器能刺激到女性陰道的上方，
是個能感受到與以往不同快感的姿勢。

聲音

第21章

上週末在夜店裡，

遇見了一個男人。

好像是韓僑吧？

但那個…那種美國的助興詞知道吧？

一直這樣讓我變得無法集中…

看那個分析啊，日本是

韓國是

但是呢…

*《禁止的愛：善良的小姨子》，2015年韓國情色電影。

美國則是

有點誇大的成分在。

因為聊到聲音才說的…
那個…男生們…

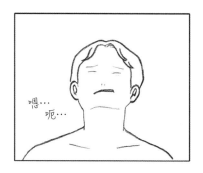

嗯…
呃…

壓抑著卻還是忍不住哼出來的呻吟聲，
不是會帶給妳們興奮感嗎？

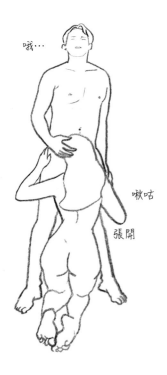

沒錯…
接著會貼近耳朵說

或者偶爾

用強迫的語氣下令

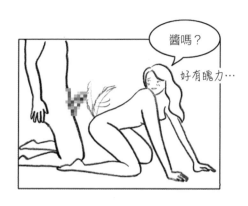

變得更興奮…

是啊，我有時沒什麼感覺的時候也是…

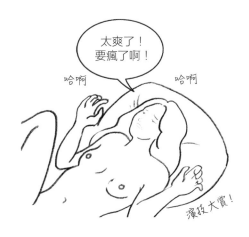

也曾為了男友故意叫出聲音。

我是很容易有感覺的類型，
每次做的時候都超舒服的…

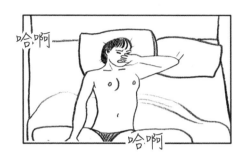

有時候壓不住呻吟聲才是問題…

過程中適當地夾雜這種話的話⋯

剛開始的她，發出如鴿子嗚咽，
如在樹葉間藏躲的布穀鳥嘰嘰喳喳，
如斑鳩乾渴的嘆息，
如成為籠中鳥的鸚鵡的悲鳴聲。
然而很快地，她如黑蜂振翅開始呻吟，
吐出像忽然被驚嚇到的紅雷鳥般，
像振翅呼喚同伴的野鴨般，
小而乾澀的聲音。
最後如鶴鶉般忘卻羞恥地大叫出聲。

- 《印度愛經》-

第22章

你的故事

**脫掉聲音，大叫內褲！！！**

各位寄來的信，
一封一封仔細地看過了。

要如何
寫出好的答覆，
也苦惱了很久。

畢竟我不是專家…

也想趁這次回覆所有
因為有所感而寄來的提問，
但無法做到，還請見諒。

手腕
超痛的…

苦惱一陣子後，
決定抽三名。

底下就來看看抽中這三位的問題吧！

妳好！

我的男友是軍人，所以⋯我們兩個月才做一次！只做一回合的時候常會覺得很可惜⋯如果不會結束就好了⋯希望能得到更多的滿足感。

對於第15章裡提到的前列腺按摩，感到很好奇，也想問女生要怎麼用嘴讓對方更舒服的方法，以及關於潮吹的部分。

昄照女王我愛妳。

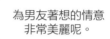
為男友著想的情意
非常美麗呢。

唉

我在跟老公交往
的時候，也有兩年半的
時間是遠距離戀愛，
很了解那個感覺。

一般「前列腺按摩」是指，
泌尿科醫生在進行檢查要採取精液時，
將手指放進肛門裡刺激前列腺的這件事。

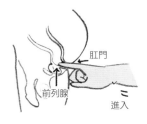

肛門

前列腺

進入

前列腺可以稱作是男性的G點，
據說比起陰莖射精，能更強烈地感受到性高潮。

呵哦

哈呃

我快…快死了啊…

首先，在做愛的時候
可以試試看按摩第一階段，

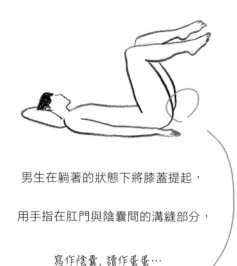

男生在躺著的狀態下將膝蓋提起，

用手指在肛門與陰囊間的溝縫部分，

寫作陰囊，讀作蛋蛋…

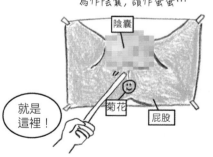

陰囊

菊花

屁股

就是
這裡！

用手指溫柔地撫弄，或者用舌頭給予刺激。

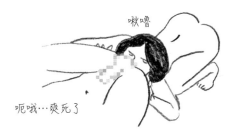

一邊用手愛撫小弟弟，
一邊同時用舌頭給予刺激會更好。

或者以在第15章18體位中提到的女上位姿勢狀態下，
輕柔地撫弄那個部位（會陰部）。

雖然也有前列腺按摩第二階段，
但等我再好好研究研究（？）後，在第二集中
連同潮吹跟口交，詳細地介紹給大家。

怎麼有種
逐漸變成性愛博士的
感覺呢...

做場美好的
性愛吧！

您在進行身體對話的同時，會有什麼言語上的對話呢？我在跟曖昧對象發生關係時，他忽然對我說出「我的懶叫進到妳雞掰裡了，很爽吧？」而且還試圖誘導我說出那樣的話。當下感到很衝擊。

當然，我在誘惑對方的時候也會說出情色的話，但對雞掰、懶叫這類的詞有些反感。對於平常都說些紳士話語的人忽然地反差，讓人感到害怕，當然就Bye了。

想聽聽作家您的故事。

要先說的是，我對這類詞並沒有反感。

也是有喜歡被辱罵的女生。

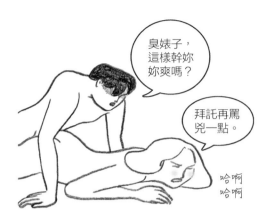

而我對被辱罵這點很反感。

在我看來，床上的用詞
也是要看每個人的喜好吧？

斯斯
文文

平時像個紳士一樣的男生，在床上說些淫亂的話語時，
雖然有些人會感到反感，

也有些人會認為是種反差萌吧？

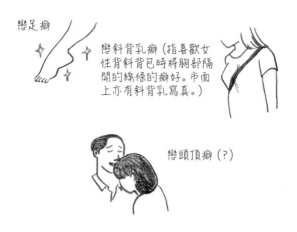

戀足癖

戀斜背乳癖 (指喜歡女性背斜背包時將胸部隔開的線條的癖好。市面上亦有斜背乳寫真。)

戀頭頂癖 (?)

這世界上真的存在許多不同的性癖好。

律

太美了…

好舒服…

動

每個人對於性事本來就會有各自喜歡的用語或癖好。

作家您好！

我是已經退伍並復學的三年級生。

我有個非常可愛的女友，還很堅持地等到我退伍，真的非常可愛、很感謝她。*

但是不知道是不是太久沒做了…常很快就結束，試著忍住也忍不太住。有沒有什麼好的方法呢？

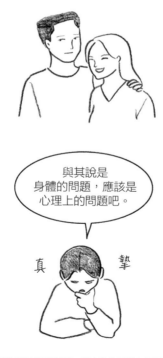

與其說是身體的問題，應該是心理上的問題吧。

真摯

*韓國現行兵役制度，基本役約是服21個月。
因此，韓國男性多會在大三以前先休學當兵，希望大四時能準備就業。

怎麼說都是對刺激很敏感的部位。

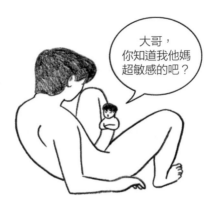

和久違的愛人有肌膚之親，
我想這樣的事是理所當然的。

您與女朋友都感到驚慌了吧？

面臨這個狀況，首先你要先求得女友的諒解。

然後自我控制！

就是試試看稍微分心想點別的事情的意思啦。

*韓國愛國歌的第一段歌詞。愛國歌雖未被正式承認為國歌，
但推廣使用程度幾與國歌無異。

市面上也有
能延遲射精時間的保險套。

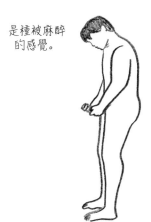

是種被麻醉
的感覺。

雖然無法每次都靠這個，
但因為心理狀態而縮回去的時候，也是能試試看的。

重要的是，餘裕和自信。

而且許多男生都會搞錯的其中一點，

就是認為只有抽插時間會左右做愛能力。

但就像前面強調過的，
做愛是包含前戲、正戲跟後戲
所有時間的事情。

連做愛的做字
都不知道的毛頭
小孩們…

在她滿足之前，
盡最大的努力去愛撫
吧！不做前戲的男生
是垃圾啊！

清水健：
日本AV男優，著有
《AV男優Q&A：
從業界祕辛到性愛
技巧》。

BEST SEX

先將對抽插的壓力忘掉，
集中在讓女友舒服這件事上面吧！

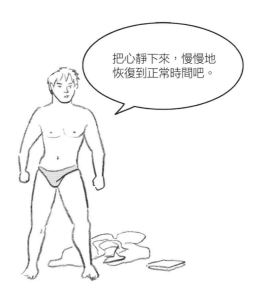

把心靜下來，慢慢地
恢復到正常時間吧。

特別插曲

我的女友是木頭
——她的視線

不知道從什麼時候開始，
已經有感受到會分手的前兆。

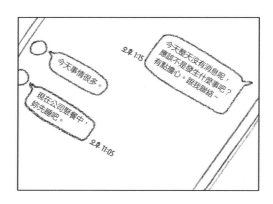

就想說是戀愛談久了，
必然會出現的倦怠期吧。

我們晚餐要
吃什麼呢？

隨便
都好。

並不會想到理由可能是床第之事。

我們就這麼走到了盡頭。

我因為在保守父母的教養下長大，

某次偶然看見他電腦裡的影片…，

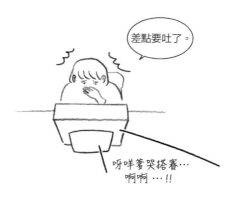

差點要吐了。

呀咩爹哭搭賽…
啊啊 …!!

有了做愛是壞事的偏見…

喀擦
(開門聲)

喂!!!

因為太愛賢俊了，

雖然也照他所希望的做了，

一點舒服感都沒有，只有痛，跟更加擴大的罪惡感。

跟他分手後雖然也痛苦了一段時間，

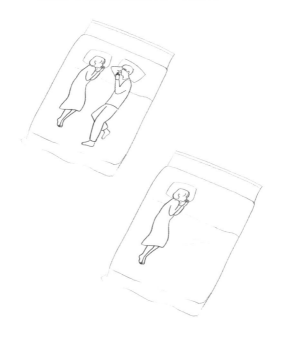

但還是無法理解他。

3年後

對…
幾乎吧。

嗯…

與其說喜歡
那檔事，

不如說是
喜歡跟愛的人
一起做吧。

遇見了新的對象。

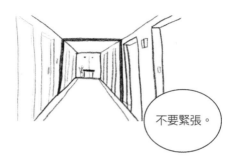

不要緊張。

呃啊！！
那裡不行！

為什麼
不行呢…？

並不是一下子就改變了，雖然還是有點辛苦…

多虧那個人的體貼，我也試著一點一點開始努力。

舒服是什麼感覺，好像懂了一點。

希望那個曾經是我全部的人，

也能有新戀情並得到幸福。

完

dala sex 038

# 讓我們一起唉喲愛喲：現代愛經指南

作　　者：眈照女王 minzoking
譯　　者：劉又禎
編　　輯：楊先妤
主　　編：洪雅雯
原書設計：LEE Se-Ho
美術設計：蔣文欣
總 編 輯：黃健和

法律顧問：董安丹律師、顧慕堯律師
出　　版：大辣出版股份有限公司
　　　　　10550台北市南京東路四段25號12樓
　　　　　www.dalapub.com
　　　　　Tel: (02)2718-2698　Fax: (02)2514-8670
　　　　　service@dalapub.com
發　　行：大塊文化出版股份有限公司
　　　　　10550台北市南京東路四段25號11樓
　　　　　www.locuspublishing.com
　　　　　Tel: (02)8712-3898　Fax:(02)8712-3897
　　　　　讀者服務專線：0800-006689
　　　　　郵撥帳號：18955675
　　　　　戶名：大塊文化出版股份有限公司
　　　　　locus@locuspublishing.com
台灣地區總經銷：大和書報圖書股份有限公司
　　　　　242新北市新莊區五工五路2號
　　　　　Tel: (02)8990-2588　Fax: (02)2290-1658
製　　版：瑞豐實業股份有限公司

初版一刷：2018年11月
定　　價：新台幣520元

版權所有　翻印必究

Printed in Taiwan
ISBN 978-986-6634-88-8

쉘 위 카마수트라 1 (Shall We Kamasutra 1)
Copyright © 2017 by 민조킹 (minzoking)
Complex Chinese Copyright © 2018 by Dala Publishing Company
Complex Chinese language is arranged with WISDOMHOUSE MEDIAGROUP Inc
through Eric Yang Agency

讓我們一起唉喲愛喲：現代愛經指南 / 眈照女王 minzoking
作；劉又禎譯. -- 初版. -- 臺北市：大辣出版：大塊文化發
行, 2018.11面；10.5x18.5公分. -- (dala sex；38)
ISBN 978-986-6634-88-8(平裝)
1.兩性關係 2.性知識 3.漫畫
544.7　　　　　　　　　　　　　　　　　　107014889